# MÉMOIRE

## SUR LA QUESTION SUIVANTE

PROPOSÉE PAR L'ACADÉMIE DE BORDEAUX :

« Étudier et faire connaître les effets, relativement à l'équilibre de la population en France, » des grands travaux exécutés dans les villes en général et dans la capitale en particu- » lier ; — en signaler les résultats au point de vue de l'agriculture, de l'économie politi- » que, de la moralité et du bien-être des populations, tant urbaines que rurales. »

PAR M. HERMITTE

AVOCAT A LA COUR IMPÉRIALE DE BORDEAUX

Extrait des Actes de l'Académie Impériale des Sciences, Belles-Lettres et Arts de Bordeaux, — 4e trimestre 1860.

BORDEAUX

G. GOUNOUILHOU, IMPRIMEUR DE L'ACADÉMIE

ancien hôtel de l'Archevêché (entrée rue Guiraude, 11).

1861

D'où vient cette exaltation? Que veut dire cet élan imprimé à la pierre par le bras et par le cœur de l'homme?

(Henri MARTIN, *Histoire de France*,
t. III, p. 410.)

---

Ce Mémoire a obtenu une médaille d'or de l'Académie de Bordeaux.

---

## CHAPITRE Ier.

### Opportunité de la question.

Cette question résume une partie des préoccupations générales qui troublent la société moderne, sans réussir cependant à tempérer l'ardeur de ses funestes entraînements.

Tous les hommes qui voient les choses, non pour les imiter aussitôt, comme c'est le caractère de l'époque, mais pour les juger avec calme, éprouvent de tristes pressentiments. Ils seraient disposés à prédire de grandes ruines et d'immenses désastres, s'ils ne craignaient de jouer le rôle ridicule de Cassandre. La docte Académie bordelaise a peut-être voulu autoriser, par son initiative, l'expression de ces pressentiments, qui se trouvent à un égal degré dans la pensée des économistes, des philosophes, des moralistes et des administrateurs. La même Académie a déjà fait, dans ce but, une première tentative en demandant quelle est l'influence du luxe sur la moralité privée et publique et sur le bien-être général. Aujourd'hui, elle pose une question plus précise et plus saisissante d'actualité : elle demande quelle est l'influence des grands travaux exécutés dans les villes sur la moralité et le bien-être des populations.

Ces deux questions se lient étroitement; car on peut dire que quand le bâtiment va, tout va, c'est-à-dire tout ce qui est trafic, luxe, ambition des distinctions et des richesses, amour sans frein des plaisirs. Les époques de grandes constructions ont été des époques de décadence. Les peuples constructeurs de monuments ont tous été mobiles de caractère, d'une imagination déréglée, poussant tout à l'excès; ils ont péri par leurs propres fautes. Les plus célèbres, les Grecs, les Hébreux, les Égyptiens, les Romains, et même les Sarrasins, n'ont laissé après eux que des solitudes et des débris.

Il est permis de croire que l'Académie de Bordeanx considère comme un mal le fait énoncé dans la question qu'elle a mise à l'étude, et cependant elle ne demande pas qu'on en cherche le remède. En signaler les résultats paraît lui suffire. Ne serait-ce pas un indice grave de la fatalité des faits qui s'accomplissent?... Nous inclinerions d'autant plus volontiers vers cette interprétation, que, d'après notre conviction, la société se trouve dans une phase qui aurait pu ne pas arriver, car si elle était la seule possible, nul ne songerait à s'en plaindre; mais qu'on ne peut rien faire de mieux maintenant que de la subir avec résignation.

Durum! sed levius fit patientia
Quidquid corrigere est nefas.

(HORACE, *Odes*, liv. I, XXI.)

La volonté humaine la plus puissante, la plus maîtresse de notre destinée, pourrait tout au plus atténuer ou retarder les conséquences de cet état de choses. Rien ne peut arrêter les individus ni les nations que leurs caprices ou leurs passions poussent à leur perte.

Nous pourrions dire avec vérité et plus ou moins de tristesse :

La terre se couvre de pierres qui la stérilisent.

Les campagnes deviennent désertes, tandis que les villes s'encombrent et qu'il faut chaque jour reculer leurs limites.

L'homme a perdu cette dignité que lui donnent naturellement la raison et la conscience, pour prendre une allure déloyale et vaniteuse, mélange d'insolence et de bassesse.

L'amour des plaisirs, des richesses et du pouvoir est devenu exigeant, au point que nul n'est content de ce qu'il a et se consume ou se pervertit à désirer toujours plus.

Enfin, il devient plus difficile d'être heureux et de vivre, à mesure qu'on multiplie les moyens de jouissance et les éléments de bien-être.

Mais qu'importe! Toutes ces choses et bien d'autres encore ont dû être signalées aux habitants de ces villes fameuses qui nous ont légué l'exemple de leurs excès et la leçon de leur triste fin. Les avertissements ne les ont point sauvées. Il est des événements très-faciles à prévoir et très-difficiles à prévenir!

Video meliora probaque,
Deteriora sequor.
(OVIDE.)

---

## CHAPITRE II.

### De Paris et des capitales en général.

L'Académie signale Paris en particulier à l'attention des concurrents. En cela elle est d'accord avec l'instinct public. La raison n'a pas encore prononcé son jugement sur Paris, que favorisent toujours les institutions, les lois et tous les actes publics, avec l'assentiment sinon avec la coopération des représentants du pays. Cependant, la France éprouve quelquefois des mouvements de colère contre sa chère capitale, et l'accuse d'être le foyer de ces épidémies morales qui viennent assez fréquemment affliger l'opinion publique. Ceci, du reste, n'est pas un fait isolé et qui nous soit propre. De tout temps, les peuples ont lancé des imprécations contre les grandes villes, et surtout contre les capitales. On leur a reproché leur luxe, leur immoralité, leur trop grande influence politique, leur tendance à s'accroître indéfiniment, et le destin les a presque toutes frappées de mort. Mais les peuples ont subi leur domination et partagé leur sort.

Ces villes magnifiques, pleines de merveilles, dont le nom seul impressionne l'âme, sont ensevelies dans la poussière. Thèbes, Memphis, Jérusalem, Babylone, Ninive, Athènes, Palmyre n'existent plus, et Rome, *la ville éternelle,* n'est qu'une ruine justement fière d'être encore debout en partie. Mais le temps semble en ce moment être jaloux de sa durée et vouloir lui porter les derniers coups.

> Tempus edax rerum, tuque individiosa vetustas
> Omnia destruitis.
>
> (OVIDE.)

Or, il y a une ville qui peut joindre son nom à ceux des plus fastueuses cités d'autrefois. Elle a de nombreux palais, de magnifiques rues, de superbes jardins; sa population et son étendue augmentent tous les jours. La campagne qui l'environne est semée de villas coquettes et splendides, séjours de l'opulence, retraites voluptueuses, et parfois asiles champêtres où les artistes, les lettrés et les savants viennent, à l'instar d'Horace, de Parrhasius et de Cicéron, se reposer ou s'inspirer. Les étrangers accourent de toutes parts dans cette ville; on a vu, comme à Rome, les rois s'y presser pour juger par eux-mêmes ses festins, ses spectacles et ses promenades, et voir les types illustres de Roscius, d'Apicius, de Lucullus et de Trimalcion. On apporte de tous les points du monde les produits remarquables de la nature et de l'industrie pour satisfaire ou plutôt pour entretenir les appétits et les fantaisies de ses habitants. A vingt lieues à la ronde, la terre ne nourrit plus de plantes utiles : il faut tant de fleurs pour une telle capitale! Et, plus loin, dans un rayon sans fin, les denrées enchérissent, on les monopolise, on les achète avant leur maturité pour les besoins de la grande ville, qui réclame aussi pour sa sécurité l'argent du pays et ses hommes les plus valides.

Cette ville, c'est Paris, ville de boue et de fumée, comme l'appelait J.-J. Rousseau; cette sentine impure, cet ignoble clapier de débauche et de crime, comme l'appelle Auguste Barbier. Depuis longtemps elle était prédestinée à devenir une ville célèbre et même monstrueuse, si un jour, qui est arrivé, les villes se mettaient à rivaliser de grandeur. Séjour préféré des artistes, des savants, des ambitieux, des fanatiques, des gens très-riches et très-pauvres, elle a, dans ses palais, ses monastères, ses casernes, ses forteresses, ses hôpitaux, ses arcs de triomphe, tous les signes du luxe, de l'orgueil, de l'impudeur, de l'égoïsme et de la domination.

En 1680, Louis XIV fit un édit pour borner l'agrandissement de Paris, de peur, est-il dit dans le préambule, que cette capitale, *comme quelques grandes villes de l'antiquité,* ne trouvât dans sa grandeur le principe même de sa ruine [1].

Aujourd'hui, cette ville, tant de fois flétrie et maudite, est arrivée à un degré exceptionnel et imprévu d'influence et d'éclat. Armée d'un moyen puissant, la centralisation, douée par suite d'une faculté de concentration que les circonstances ont surexcitée, elle est devenue à elle seule le pays tout entier. Quiconque, Français ou étranger, est maître de Paris, n'a plus besoin de compter avec la province. Cela est vrai d'une manière absolue maintenant, c'était déjà sensible du temps de Henri IV.

> Dans Paris, ô mon fils! tu rentreras vainqueur,
>
> (VOLTAIRE, la *Henriade*, chant VIe.)

Mais alors Paris prenait un accroissement dont le pouvoir s'alarmait; aujourd'hui, l'accroissement de cette capitale est

[1] Vaulabelle, *Histoire des deux Restaurations*, t. VI, p. 171.

favorisé par les deux pouvoirs, exécutif et législatif. — « Un édit rendu à Saint-Germain au mois de novembre 1548, par Henri II, fit défense de construire de nouveaux bâtiments dans les faubourgs de Paris, *afin d'arrêter l'accroissement de la capitale* [1]. — En 1644, Mazarin tenta de remettre en vigueur cette ordonnance qui depuis longtemps n'était plus observée [2]. » — Le 16 juin 1859 a été promulguée une loi qui réunit à Paris toute sa banlieue et les communes environnantes. Cet acte de l'autorité commence à produire ses conséquences inévitables : de nouveaux monuments, de nouveaux quartiers et de nouveaux faubourgs s'élèvent dans toutes les directions autour de Paris.

---

## CHAPITRE III.

### Conséquences matérielles et morales de l'agrandissement de Paris.

J.-J. Rousseau a écrit, dans son extrait du *Projet de paix perpétuelle* de l'abbé de Saint-Pierre : « Londres s'agrandit tous les jours, donc le royaume se dépeuple. » Il n'y a pas de raison pour qu'il en soit autrement chez nous. Et en effet la statistique officielle de la population en France, en 1856, a constaté une diminution sensible.

Lorsqu'on discuta au Corps législatif la loi du 28 mai 1858 « sur l'ouverture ou l'achèvement de diverses grandes voies de communication dans Paris, » un député, M. le vicomte Clary, fit observer que le développement des grands travaux dans la capitale enlève aux départements un nombre considérable d'habitants. La Côte-d'Or, dit-il, en perd 15,000 par

(1) Henri Martin, *Histoire de France*, t. VII, p. 17.
(2) *Ibid.*, t. XII, p. 179.

an ; la Creuse, 9,000 ; l'Isère, 27,000 ; le Jura, 17,000 ; la Meurthe, 26,000 ; les Vosges, 22,000, etc. Dans le département de Seine-et-Marne, que j'habite, ajoutait-il, mes fermiers n'ont plus un seul cultivateur français ; on est obligé d'en faire venir de la Belgique [1].

Ajoutons que l'agrandissement de Paris amène l'agrandissement de presque toutes les autres villes, et qu'en même temps que le chiffre total de la population reste stationnaire ou tend à diminuer, la population des villes augmente sans cesse.

La loi du 28 mai 1858 fut adoptée malgré les objections de M. le vicomte Clary. Cette loi imposa à la France une contribution de cinquante millions pour payer les nouveaux embellissements de Paris. Un an après, au mois de juin 1859, le Corps législatif votait la loi sur l'agrandissement de Paris. L'année 1860 ne se passera pas sans l'adoption de quelque mesure importante en faveur de Paris.

Nous sommes bien loin de la pensée qui inspira les édits de Henri II et de Louis XIV cités plus haut. Cependant, si on avait présenté ces mêmes édits au Corps législatif de 1858 et 1859, ils auraient été adoptés par les députés, et probablement bien accueillis par l'opinion publique. Auraient-ils eu plus d'effet au XIX<sup>e</sup> siècle qu'en leur temps ? Nous ne le croyons pas : on aurait été entraîné au mal dont on gémit, toutefois avec beaucoup moins de force. — L'habitant des villes vante la campagne pour les autres ; l'habitant de la campagne médit du citadin, mais il envie son sort. C'est dans le caractère de l'homme, surtout du Français.

Ce déplacement de la population produit un changement profond dans la manière de vivre, qui nuit à la moralité et à la dignité humaines. La statistique ne peut mesurer le dé-

[1] *Moniteur*, 10 avril 1858.

périssement de la raison et de la conscience en France ; mais le moraliste voit bien que la logique et la justice ne règlent plus les actions des hommes. Les passions ambitieuses et cupides dominent tout. Les meilleures natures subissent les effets de l'entraînement général. Les nobles facultés s'oblitèrent et les cœurs se dessèchent. Chacun place le bonheur et la gloire dans le luxe et le bien-être matériel. Les désirs sont insatiables et les exigences de la vie illimitées. Les exemples qui absorbent l'attention publique ne sont pas ceux des grands talents ni des grandes vertus, mais ceux des grandes fortunes acquises rapidement. De là des préoccupations dégradantes qui pénètrent jusqu'au fond des consciences. Dans ce milieu se développe une génération dont la vue est navrante : blasée, sceptique et présomptueuse, sa plus grande passion, qui résume toutes ses ardeurs, c'est la convoitise. Toutes les convictions sincères, religieuses, politiques ou philosophiques sont en butte à ses dédains ; mais elle honore ceux qui, placés sur les tréteaux élevés par la fortune, font impudemment la parodie de ces sentiments respectables. On peut dire aujourd'hui ce que l'austère Caton disait au Sénat romain : *Nos vera rerum vocabula amisimus;* nous avons perdu le vrai nom des choses!

---

## CHAPITRE IV.

### Influence réciproque des institutions et des mœurs sur l'agrandissement des villes, et des villes sur les mœurs et les institutions.

Puisque c'est depuis quelques années seulement que l'augmentation de la population urbaine et que l'activité des constructions, d'abord dans Paris et ensuite partout, ont pris cet essor qui commence à inquiéter même ceux qui n'en souffrent pas, il faut que les institutions et les mœurs actuelles aient provoqué ou favorisé l'accomplissement de ces faits.

C'est donc notre faute s'ils se produisent, et puisque nous sentons le mal que nous nous faisons, nous devrions pouvoir nous en délivrer facilement. Malheureusement, les fléaux les plus terribles et les plus incurables sont ceux dont l'homme est à la fois l'auteur et la victime. Exemples : la guerre, la dépravation des mœurs publiques ou privées, le fanatisme.

Il ne faut pourtant pas se décourager. Comme l'a très-bien dit Salluste : « *Quæ homines arant, navigant,* ÆDIFICANT, *virtuti omnia parent.* » « Tout ce que les hommes font en cultivant, navigant ou *construisant* obéit à la sagesse. » Or, la sagesse, la prudence et la réflexion sont des remèdes à bien des maux; seulement, ce ne sont pas des qualités communes dans le temps où nous vivons.

> Un octogénaire plantait;
> Passe encore pour *bâtir*, mais planter à cet âge!
> Disaient trois jouvenceaux.....

La leçon contenue dans cette fable peut s'adresser aux nations. Celles qui sont étourdies, comme ces trois jouvenceaux, aiment à bâtir. Mais « tout établissement dure peu : » voilà pour les bâtisses; « mes arrière-neveux me devront cet ombrage : » voilà pour les travaux des champs.

Nous bâtissons trop et nous ne plantons pas assez (je compte pour rien les squares et les boulevards). Il est vrai qu'on veut reboiser les montagnes. L'intention est louable; mais il faut remarquer que les montagnards français se font maçons ou soldats ou émigrent en Amérique, et que les habitants des plaines vont dans les villes pour exercer le métier de garçons de café, de tailleurs ou de perruquiers.

La bâtisse, monument ou maison, c'est l'actualité, c'est la satisfaction d'un besoin personnel et présent, c'est l'expression d'un sentiment de flatterie; elle correspond à des habitudes positives, égoïstes et serviles. On vit en France au jour le jour, sans se préoccuper du passé ni de l'avenir. « On conserve la moralité d'une nation en associant ses sentiments à tout ce qui a de la durée; on la détruit en les concentrant dans le moment présent. Que vos souvenirs vous soient chers, et vous soignerez aussi vos espérances; mais si vous sacrifiez aux plaisirs d'un jour la mémoire de vos ancêtres ou vos devoirs envers vos enfants, vous n'êtes que des passagers dans la patrie, vous n'y êtes plus des citoyens (1). »

La vie des villes use les générations et précipite les peuples à leur perte; la vie des champs fortifie les individus et perpétue les races.

« *Terra malos homines nunc educat atque pusillos* (2). » « La terre ne nourrit plus maintenant que des hommes faibles et corrompus. » En France, comme dans l'Empire romain, les mœurs et les institutions doivent dépérir, parce que les villes sont déjà trop nombreuses et trop importantes. Notre nation est malade moralement et même physiquement. La taille de l'homme se rapetisse en tous sens; on est obligé de recourir à la gymnastique pour arrêter la dégénérescence du corps. Médiocre palliatif! « L'avènement de la force nerveuse, la déchéance de la force sanguine est un fait de ce temps (3). »

La mobilité et la frivolité de l'opinion publique prouvent en outre la faiblesse de l'esprit. La nation française est oublieuse, imprévoyante et sans cœur. Elle se rallie toujours au fait accompli, elle adore ceux qui la subjuguent.

> Il fut de ses sujets le vainqueur et le père.
>
> (La *Henriade*.)

(1) De Sismondi, *Histoire de la chute de l'Empire romain*, t. I, p. 178.
(2) Juvénal, sat. XV.
(3) Michelet, *De l'Amour*.

Consultez, sur la situation publique, dans quelque circonstance que ce soit, le commerçant, le lettré ou l'homme politique, vous apprendrez invariablement que ce qu'on qualifiait hier d'absurde et d'impossible est appelé aujourd'hui magnifique, sublime, et tous conviennent que c'était inévitable.

Turba remi! Sequitur fortunam, ut semper, et odit
Damnatos.

(JUVÉNAL, satire X.)

Cette faiblesse physique et morale enlève complétement le courage civil; mais elle laisse intact le courage militaire, qui a toujours été grand chez les peuples civilisés. Nous en avons pour preuve les Romains, les Grecs et les Égyptiens. Le courage militaire, du reste, ne suffit pas à préserver les nations de la ruine ni même à les empêcher d'être conquises. Cette sorte de courage est une grande qualité; seulement, on en abuse presque toujours, et l'on finit par être les victimes de cet abus. L'amour de la gloire héroïque ne vaut pas une conscience délicate et un esprit droit.

Faisons ici une remarque destinée à justifier une fois pour toutes les nombreux rapprochements faits et à faire entre nous et les Romains. — La France intellectuelle date de la Renaissance. Dans le mouvement qui a commencé à cette époque, l'esprit s'est d'abord occupé de belles-lettres; la philosophie et les sciences n'ont guère été étudiées qu'au XVII^e^ et au XVIII^e^ siècle. La raison a été tardivement cultivée chez nous; l'imagination, au contraire, *cette folle du logis,* a été la première faculté développée; elle est restée la faculté dominante. C'est aussi ce qui arriva aux Romains. Comme nous, ils empruntèrent et imitèrent beaucoup et commencèrent par les lettres et les arts.

Græcia victa victorem cepit et artes intulit latio.

(HORACE.)

Les autres peuples ont subi moins que nous cette influence des Grecs et des Romains; ils ont fait eux-mêmes leur éducation. Aussi l'esprit public y est-il plus sérieux, plus mesuré, plus raisonnable enfin. Le caractère y est moins emporté, mais plus ferme. Nous avons recueilli avec avidité les dépouilles de l'Empire romano-grec. Le germe de sa décadence est en nous.

Les poitrinaires et tous les malades de langueur éprouvent une irrésistible attraction vers la nature. Ils cherchent l'air pur, les arbres verts et le contact de la terre. C'est ce que font aujourd'hui les habitants des villes. A Paris principalement, où tout prend de plus grandes proportions, on a la manie des arbres, des gazons, des boulevards, des jardins et des squares. On met des ornements champêtres jusque dans la cour des grands monuments, tels que le Louvre et les Tuileries! — Ils étaient ainsi ces Romains de l'Empire, qui se délectaient à la lecture des *Bucoliques*. Les riches avaient des villas et s'écriaient, comme Horace : *O rus, quando te aspiciam !* Les Athéniens aussi ne rêvaient que campagnes, avec Daphnis et Chloé pour habitants. Les Français débauchés, ambitieux, cupides et *bâtisseurs* du temps de Louis XIV et de Louis XV étaient passionnés pour la littérature pastorale, la verdure et les ombrages. Nous sommes revenus à cet engouement : Mme Sand a remplacé Florian, et le bois de Boulogne a remplacé Trianon.

On serait souvent tenté de croire, quand on examine le passé, que l'humanité se meut en cercle comme la terre, et que nous sommes revenus à une de ces périodes critiques marquées par de grands troubles dans les sociétés. Nous n'emprunterons pas le langage de Jérémie ni celui de saint Jean de Pathmos pour exprimer notre sentiment sur ce point. Nous dirons simplement qu'il y a lieu de se préoccuper un peu de l'avenir, ce qu'on ne fait pas du tout.

L'homme s'agite et Dieu le mène.

Nous quittons de plus en plus les mœurs et les lois de la nature; ce n'est pas sans regret ni sans danger. Une civilisation déréglée nous emporte. Nous pourrions bien finir comme ont fini ceux auxquels nous ressemblons...

---

## CHAPITRE V.

### Distinction entre les travaux utiles et les travaux nuisibles.

Les travaux que signale l'Académie ont pour effet direct et nécessaire de produire un mouvement de concentration de la population dans les villes. Ces travaux sont exécutés, les uns par l'État et les communes, les autres par les particuliers, à l'imitation des précédents.

> Lorsqu'Auguste buvait, la Pologne était ivre.
> L'exemple d'un grand prince impose et se fait suivre.
>
> (Frédéric le Grand, le *Philosophe de Sans-Soucis.*)

Tous ces travaux ou presque tous sont faits dans les villes; le but unique qu'on se propose est de les agrandir et de les embellir. Il n'est donc pas étonnant qu'ils dépeuplent les campagnes, qu'ils entraînent vers les occupations industrielles et qu'ils développent le goût du luxe.

Si on déployait la même activité, si on dépensait les mêmes capitaux à faire des routes, des canaux, des chemins de fer, des ports, etc., les résultats seraient bien différents. Les travaux qui favorisent la circulation des denrées et les voyages sont dignes d'éloges et d'encouragement. Ils ont une utilité incontestable et *générale*. Leur exécution ne convertit pas définitivement le paysan en ouvrier, le campagnard en citadin; ils ne nuisent ni à l'agriculture ni au commerce sérieux. Au contraire, plus ces travaux sont importants et multipliés, plus ils favorisent la distribution du bien-être dans toutes les classes, plus ils contribuent à établir l'équilibre des intérêts même entre les nations. De telles entreprises servent la cause de la vraie civilisation et de l'humanité. Elles émanent d'un principe de diffusion qui est précisément celui dont on devrait sentir le besoin; car il est facile de voir à présent que la centralisation et la concentration sont funestes en tout temps et en tout pays.

L'abbé Raynal, se plaçant au point de vue d'une politique d'union et de paix entre les peuples, parlait ainsi de travaux de ce genre qui sont encore à faire : « Le bien général des nations, l'utilité du commerce exigent que l'isthme de Panama, que l'isthme de Suez, ouverts à la navigation, rapprochent les limites du monde. Depuis trop longtemps, le despotisme oriental, l'indolence espagnole privent le globe d'un si grand avantage (1). »

Ces travaux sont dans les idées et les besoins de l'époque; cependant, ils ne sont point exécutés; ils n'ont pas même la faveur des gouvernements. Tout est pour les villes et pour les capitales. Voici ce qu'on lit à ce sujet dans une brochure intitulée : *De l'émigration des campagnes,* par M. Brame, *député* du Nord : « L'on ne s'étonnera plus de l'accroissement prodigieux que prend la population de Paris, de l'état d'abandon qui frappe nos provinces et nos campagnes, puisque le *budget extraordinaire des travaux publics de la capitale* s'élève à plus de *cinquante millions par année,* et le budget *ordinaire et extraordinaire* des travaux publics de la France à *quatre-vingt-deux millions seulement ;* que Paris contient 1,200,000 individus et le reste de l'Empire 34 millions d'âmes. Ainsi, en face de la progression constante et même ex-

(1) *Histoire philosophique, etc.*, t. IV, p. 448.

cessive des travaux d'*une seule ville,* se place nettement la *décroissance constante et rapide des travaux publics de la France entière.* »

Cela n'est pas juste, et, de plus, cette prédilection pour les villes ne tourne pas en définitive à leur avantage. Les travaux qu'on y fait les encombrent d'ouvriers et sont cause que ces mêmes villes, qui repoussent les forteresses comme des anachronismes, subissent des garnisons considérables. Or, il faut bien l'avouer, une armée considérable fait beaucoup de mal à l'étranger en temps de guerre; mais elle en fait presque autant d'une autre manière à son pays en temps de paix. Elle attire dans les villes des femmes et des filles qui vont y vivre de la prostitution. D'où viennent-elles? De la campagne pour la plupart. Elle produit beaucoup d'enfants sans famille, sans soutien et sans guide, qui n'auront jamais de goûts laborieux ni champêtres. Les soldats eux-mêmes, dans l'oisiveté et les distractions de la garnison, contractent des habitudes et des goûts qui ne les disposent pas à retourner au labour. Les soldats sont pris en grande partie dans les campagnes; ils sont formés dans les villes, où ils deviennent ce que devinrent les soldats d'Annibal à Capoue...

Un grand nombre de célibataires et d'oisifs est toujours nuisible à l'esprit de famille, à l'accroissement régulier de la population, à la moralité et à la richesse des nations.

L'esprit de famille, qui est la base de toute société, s'altère et s'éteint en France d'une manière évidente. Une femme et des enfants sont le plus souvent un fléau pour l'homme, avec l'immoralité, le goût du luxe et la vanité qui s'établissent au foyer domestique. A une époque où notre patrie se livrait aux mêmes entraînements qu'aujourd'hui, quoique dans de moindres proportions, sous Henri III, Montaigne écrivait ceci, qui mérite l'attention de tout chef de famille : « Les enfants sont du nombre des choses qui n'ont pas fort de quoi être désirées, notamment à cette heure, qu'il serait si difficile de les rendre bons [1]. »

Les armées nombreuses, en outre, grèvent l'État et font enfler le budget, cette source de richesses pour Paris, séjour des plus gros participants à ses faveurs.

Ce mal n'est pas nouveau. Il était devenu général sous le grand roi. Montesquieu le signale en ces termes au livre XIII, chapitre XVII, de son *Esprit des Lois :*

« Une maladie nouvelle s'est répandue en Europe; elle a saisi nos princes, et leur fait entretenir un nombre désordonné de troupes. Elle a ses redoublements, et elle devient nécessairement contagieuse, car sitôt qu'un État augmente *ce qu'il appelle ses troupes,* les autres soudain augmentent les leurs; de façon qu'on ne gagne rien par là que la ruine commune. Chaque monarque tient sur pied toutes les armées qu'il pourrait avoir si ses peuples étaient en danger d'être exterminés, et on nomme paix cet état d'efforts de tous contre tous. Aussi l'Europe est-elle si ruinée, que les particuliers qui seraient dans la situation où sont les trois puissances de cette partie du monde les plus opulentes, n'auraient pas de quoi vivre. Nous sommes pauvres avec les richesses et le commerce de tout l'univers; et bientôt, à force d'avoir des soldats, nous n'aurons plus que des soldats, et nous serons comme des Tartares. »

Juvénal a consacré sa satire XVI^e à se plaindre, lui aussi, des abus de la puissance militaire.

On s'en est plaint également, mais plus timidement, au Corps législatif cette année. Plaintes toujours impuissantes contre un fait inévitable! Quand un peuple a ce genre de civilisation que nous possédons, où tout est sacrifié aux jouissances du corps et au repos de l'esprit, il a honte et peur; il

[1] *Essais,* liv. III, chap. IX.

déteste la liberté, il abdique tous ses droits, il répugne aux affaires publiques, qui le fatigueraient. Il veut être commandé, gouverné, administré et surveillé avec excès. Il lui faut beaucoup de soldats et de gendarmes pour garantir sa sécurité, d'agents de police et de tribunaux pour réprimer les mauvaises mœurs et comprimer les opinions dangereuses, beaucoup de lois et de règlements pour diriger tous ses actes. Une nation, arrivée au point où nous sommes, témoigne elle-même de sa faiblesse; car elle se croit perdue dès qu'elle ne se sent plus soutenue par un homme. Livrée à elle-même, elle éprouve aussitôt des terreurs folles. C'est ce que nous avons vu à diverses époques de notre histoire.

---

## CHAPITRE VI.

### Équilibre de la population détruit. Caractères distinctifs effacés.

L'équilibre de la population consiste en une juste répartition des hommes sur la terre. C'est une proportion économique entre les campagnards qui produisent et les citadins qui consomment. Cet équilibre est troublé aujourd'hui, et cet état doit empirer, car il est une conséquence de la centralisation, qui est inséparable du pouvoir absolu, dont elle est encore plus la cause que l'effet.

Un fait, qui dans d'autres circonstances serait un bien, aggrave notablement ce mal : c'est la disparition des sentiments qui divisaient autrefois les populations en fractions ennemies.

Ainsi, toujours l'homme des champs a été plus ou moins méprisé par l'habitant des villes. Les noms qui ont successivement désigné le premier sont tous devenus injurieux : Païen (*paganus,* villageois); manant (*manens*, habitant attaché au sol); roturier, (*ruptuarius,* homme de labour); rustre (*rusticus,* campagnard). — De son côté, le paysan a toujours éprouvé une défiance plus que prudente à l'égard du citadin. Quelquefois, la réaction des campagnes contre les villes s'est faite avec violence, comme dans les guerres des paysans, qui occupent une place très-intéressante dans l'histoire de l'humanité. En juin 1848, les paysans français voulaient détruire Paris, qu'ils vont maintenant visiter avec ébahissement à chaque train de plaisir.

Cet antagonisme entre ces deux classes les retenait chacune chez soi. Les choses ont bien changé. La facilité des communications, l'habitude des voyages, la conscription, qui fait passer chaque année tant de paysans à travers les villes; l'espérance, presque la certitude de trouver du travail dans ces chantiers de construction qu'on appelle les villes et qu'on pourrait appeler des ateliers nationaux ou impériaux, tout cela a transformé les sentiments d'hostilité en sentiments de convoitise et d'envie.

Avouons qu'il faut se clore les oreilles et les yeux pour n'être pas entraîné à préférer le séjour des villes à celui de la campagne, et celui de Paris à celui de la province. La foule attire la foule; les villes sont des rassemblements qui grossissent sans cesse. C'est là que se concentrent le bruit et le mouvement. On aspire chaque jour davantage aux plaisirs faciles qu'on y trouve. Il y a aussi plus d'indépendance et plus de sécurité pour le citoyen. Tandis que le calme, la monotonie et la tristesse règnent daus les campagnes, l'accroissement de population dans les villes coïncide avec un accroissement inouï de théâtres, de concerts, de cafés chantants ou autres, de restaurants, de bals et de maisons de prostitution.

Les réunions et les discussions sérieuses ne sont pas plus communes là qu'ailleurs; mais, du moins, pour un but frivole et inoffensif, on a de la liberté, et on en use. L'âme s'étiole bien un peu dans ce genre de vie; mais on se meut, on s'agite, on existe enfin. Seulement, les résultats par lesquels l'avenir nous jugera sont médiocres. La critique et le roman, voilà toute la littérature; la musique et le théâtre, voilà tout l'art; aduler le vainqueur, insulter le vaincu, voilà toute la politique; s'enrichir, voilà toute la morale. Quant à la religion... on embellit les églises, on en construit de nouvelles. Le culte, la partie extérieure a gagné, la foi a perdu. Enfin, le costume, qui reflète les mœurs, n'a plus aucun air de noblesse, de dignité ni d'élégance; il est extravagant, et pour ne pas s'en apercevoir, il faut avoir perdu tout sentiment d'harmonie et de vraie beauté.

---

## CHAPITRE VII.

### Conséquences économiques du défaut d'équilibre dans la population.

On lit dans la brochure déjà citée de M. Brame, député du Nord : « Toutes les statistiques témoignent que l'accroissement annuel des grandes villes est de plus d'un dixième de leur population. Pour Marseille et Lyon, la progression est encore plus forte. Le département de la Seine, depuis 1851, s'est accru de 305,000 âmes, c'est-à-dire de plus de la moitié pendant cinq ans, de l'accroissement de la France entière pendant dix ans, et c'est particulièrement la ville de Paris qui a profité de cette augmentation. »

Ce déplacement de la population engendre un excès dans la consommation, qui va jusqu'au gaspillage. Un égal nombre de personnes consomment dix fois plus à Paris que dans la campagne. La production, au contraire, diminue par le dépeuplement des champs et par la multiplicité croissante des cultures et des travaux d'agrément autour des villes et même au loin dans les grandes propriétés.

Le salaire des paysans a dû forcément augmenter et doit augmenter encore; c'est même un des meilleurs moyens de ralentir l'émigration des campagnes. Mais il en résultera que le prix des denrées s'élèvera de plus en plus, et qu'à un moment donné, la viande et le blé coûteront moins cher pris à l'étranger qu'en France. Alors, on cessera de produire ces choses-là dans notre pays. Déjà on préfère la culture du tabac à celle des céréales, et nous devenons de plus en plus tributaires de l'étranger pour les produits de première nécessité. Les départements les plus pauvres sont les départements purement agricoles; ce sont aussi ceux qui se dépeuplent le plus rapidement. Les Romains, qui habitaient un des pays les plus fertiles du monde, allaient honteusement chercher le blé dans des contrées éloignées.

Sous l'empire de cette nécessité, nous modifions fréquemment notre législation douanière, dans le but de favoriser l'importation des choses dont nous manquons. C'est ainsi qu'on a fait, depuis 1852, de nombreux décrets pour les bestiaux, les grains et farines, les pâtes alimentaires, le blé, les fers, les laines, les matières employées dans les constructions maritimes, etc., etc. Enfin, on vient d'adopter officiellement la théorie du libre-échange.

Ce sont des mesures qu'on ne peut pas critiquer, d'abord parce qu'elles seraient excellentes si nous pouvions exploiter notre sol et par suite opposer nos exportations aux importations, et parce que, dans les conditions où nous sommes, c'est un palliatif à notre mal. Mais le numéraire s'en va : la monnaie d'argent a presque disparu. L'or est encore très-abondant; toutefois, il n'est abondant que dans la circulation; il est rare dans les caisses publiques et privées, où il y a plus de papier que de métal. La preuve, c'est que, malgré toute notre prospérité, nous sommes en plein dans la période des emprunts.

Les communes, les villes, les départements, l'État font des emprunts; les compagnies industrielles empruntent, surtout celles qui sont les plus puissantes et qui passent pour les plus riches : les obligations des chemins de fer en font foi. Le Crédit foncier ne peut suffire aux emprunts des particutiers; on a créé une Caisse agricole pour faciliter ses opérations. Les impôts généraux et municipaux augmentent aussi. A chaque page du *Bulletin des Lois,* depuis 1854, on lit cette formule invariable : « Loi qui autorise telle commune ou telle ville à contracter un emprunt et à s'imposer extraordinairement. »

Presque tous ces emprunts et ces impôts ont le même but : l'exécution de grands travaux dans les villes et des travaux de luxe; car la Frauce est un des pays civilisés qui ont le moins de canaux, de docks, de bassins de carénage, de ports, etc.

On emprunte également, il est vrai, pour la guerre, pour l'industrie, pour servir l'intérêt des précédents emprunts; on emprunte pour prêter; on emprunte pour... emprunter; car tout chez nous est porté à l'extrême.

---

## CHAPITRE VIII.

### Influence de l'accroissement des villes et de Paris en particulier sur les intérêts de la bourgeoisie.

« L'homme, sans doute, est fait pour la société. Sa faiblesse et ses besoins le démontrent. Mais les cités de quatre à cinq cent mille âmes, ce sont des monstres dans la nature. Ce n'est point elle qui les forme. C'est elle, au contraire, qui tend sans cesse à les détruire. Elles ne se soutiennent que par une prévoyance continue et par des efforts inouïs. Elles ne tarderaient pas à se dissiper, si une portion considérable de cette multitude ne veillait à leur conservation. L'air en est infecté; les eaux en sont corrompues; la terre épuisée à de grandes distances. La durée de la vie s'y abrège; les douceurs de l'abondance y sont peu senties; les horreurs de la disette y sont extrêmes. C'est le lieu de la naissance des maladies épidémiques; c'est la demeure du crime, du vice, des mœurs dissolues. Ces énormes et funestes entassements d'hommes *sont encore un des fléaux de la souveraineté, autour de laquelle la cupidité appelle et grossit sans interruption la foule des esclaves, sous une infinité de fonctions, de dénominations*. Ces amas surnaturels de population sont sujets à fermentation et à corruption pendant la paix. La guerre vient-elle à leur imprimer un mouvement plus vif, le choc en est épouvantable ([1]). »

Il y a dans ce passage un pessimisme peut-être excessif; mais il renferme une pensée digne d'être recueillie : c'est celle dont j'ai souligné les termes. Je m'en autorise pour la justification de ce chapitre.

La vie des grandes cités démoralise les hommes, et les porte à se redouter mutuellement. De là leur amour du pouvoir; par suite, le nombre considérable des fonctionnaires publics et l'importance croissante de leurs prérogatives. Ils ne tardent pas à former la classe dominante; au lieu d'être les agents de la nation, ils en sont les maîtres. Relevant directement du chef de l'État, c'est à lui qu'ils adressent l'expression de leur admiration et de leur reconnaissance; c'est pour lui (et pour eux) qu'ils exercent leurs fonctions; c'est de lui qu'ils sont censés recevoir leurs traitements. La centralisation

([1]) Raynal, *Histoire philosophique*, etc., t. V, p. 15.

absorbe moralement et matériellement les forces du pays; les simples citoyens sont alors peu de chose; on peut dire qu'individuellement ils ne sont rien; ils sont tous personnifiés dans un homme qui pense, qui veut et qui agit pour eux. Dans cet aplatissement général, l'homme éprouve encore le besoin de se distinguer, qui lui est naturel; c'est pour le satisfaire que tout le monde veut passer dans cette classe supérieure qui exerce le pouvoir. *Omnia serviliter pro dominatione.*

Il ne faut pas oublier que nous sommes dans un pays où l'on naît courtisan, comme l'a dit Paul-Louis Courier, où le respect de l'autorité est remplacé par le servilisme, et la dignité par la vanité personnelle.

C'est la centralisation et la prépondérance de l'autorité qui ont dégradé et perdu la noblesse. Elle n'a été chevaleresque et digne que lorsqu'elle avait ses franchises locales, sa part d'action, d'influence et de responsabilité dans les affaires publiques, ses foyers, ses châteaux. Sous Louis XIV et Louis XV, elle s'est groupée à Paris et s'est faite courtisane de la royauté. Saint-Simon nous a dépeint le degré de dépravation auquel elle descendit, et nous savons la triste fin qu'elle a eue.

Après elle, la bourgeoisie, par la discussion et la pratique des affaires publiques que lui permettaient la petite indépendance de la commune et le droit de vote sous le régime constitutionnel, était arrivée à un état de dignité assez honorable. Aujourd'hui, les préoccupations d'une autre nature qu'elle puise dans les grandes villes, l'extinction complète de l'indépendance municipale, et même de la vie publique, l'ont placée sur la pente où s'est perdue la noblesse. Elle est, du reste, éloignée de s'en plaindre; elle n'a plus ni le goût ni la science des affaires publiques. Elle a délégué tous ses droits et tous ses devoirs à l'État, c'est-à-dire à celui qui en est le chef. Et, pour apaiser les murmures de la conscience et de la raison, on suppose toujours que ce chef, quel qu'il soit, peut tout ce qu'il veut et ne veut que ce qui est le plus beau, le plus juste et le plus utile. Le pouvoir en France exerce une autorité spirituelle égale à son autorité temporelle. Il jouit de cette prérogative de l'infaillibilité sur laquelle on a tant discuté.

Nous avons dit que les époques de construction ont été des époques de décadence; ajoutons que les époques de construction ont été également des époques de destruction. Chose singulière, ce sont les populations des villes, et par-dessus tout celles des capitales, qui sont les plus passionnées pour la guerre! Il semble que les abus du génie créateur ou plutôt constructeur de l'homme aient pour correctif naturel les excès de son génie destructeur.

Cette civilisation, qui, au lieu de se manifester par le développement des intérêts moraux et matériels, tourne en amour du luxe et des plaisirs et à la surexcitation de toutes les passions sensuelles, rend les peuples inquiets, remuants, dangereux et odieux à leurs voisins. C'est l'histoire des grands Empires qui ont brillé par leurs grandes villes; ils ont toujours cherché les aventures et visé à la domination du monde. Les expéditions, les guerres, les victoires leur étaient indispensables pour les distraire. La réaction s'est ensuite faite contre eux, et l'invasion étrangère les a tous châtiés. Ces Empires étaient opprimés par leur capitale ; ils ont péri avec elle. Conséquence fatale de la centralisation !

Sous Charles VII, la France, conquise aux deux tiers, put reconquérir son territoire; en 1814 et en 1815, la prise de Paris seulement livra tout le pays à l'étranger ; et les sentiments que produisirent ces deux invasions furent la joie d'être vaincu et l'admiration du vainqueur! C'est le propre des nations qui se laissent absorber par ce qu'on appelle l'État, et qui s'habituent à recevoir de lui la règle de toutes leurs actions, de donner de pareils spectacles.

## CHAPITRE IX.

### Influence des travers de l'esprit français sur la situation économique.

S'il est un pays où les meilleures choses aient le pire destin, c'est certainement la France. Elle fait un mauvais accueil à toutes les idées nobles et utiles qui se produisent pour la première fois. Les Français ne prennent au sérieux que ce qui est frivole et dédaignent tout ce qui est sérieux. Ils font la fortune des charlatans, et découragent, quand ils ne les maltraitent pas, les hommes de génie. Toutes les choses utiles dont nous sommes les plus fiers sont désignées par des noms étrangers : Dok, stok, wagon, paquebot, banque, etc. Nous les avons reçues de l'étranger, nous les avons imitées, mais sans en régler l'usage; de façon que, chez nous, elles produisent au moins autant de mal que de bien. L'imitation, par sa facilité, conduit vite à l'excès.

La commandite, ce levier des grandes entreprises, cette association des petits capitaux destinée à entretenir l'activité générale et à produire le double effet de la vie régulière, concentration et diffusion, a produit surtout la concentration et a gêné l'essor de l'industrie et du commerce par le monopole et la réglementation excessive dont elle a été l'occasion.

La commandite a ruiné plus de personnes qu'elle n'en a enrichi. Son résultat a été purement et simplement de grandes constructions. Aucune Société par actions n'a créé en France un mouvement d'affaires profitables à ses actionnaires et à l'État, comme la Compagnie des Indes ou les Compagnies des Doks en Angleterre.

Les chemins de fer, dont l'exécution avait d'abord été déclarée impossible par les savants français, puis funeste à tant d'industries par les économistes, sont tout-à-coup devenus à la mode. Mais ce qui a particulièrement fixé l'attention publique, c'est que la création d'un chemin de fer amenait la création de titres qu'on négociait à la Bourse. Cette avidité de la foule pour les actions a déterminé beaucoup d'hommes influents à demander des concessions de chemins de fer, afin de pouvoir distribuer ces titres tant désirés. Le plus grand nombre de ces chemins ont été exécutés exclusivement dans ce but et dans un temps où les travailleurs ne suffisaient pas en France à tous les travaux commencés; ils ont coûté plus qu'ils n'auraient dû coûter; ils rapporteront moins qu'ils ne devaient rapporter : voilà pour les actionnaires. Les Compagnies de chemin de fer ont obtenu des priviléges qui leur ont permis de tuer la navigation fluviale, et on leur a ouvert la voie pour détruire la navigation côtière : voilà pour l'intérêt public.

Ce n'est pas tout : les Sociétés anonymes ont fonctionné comme élément de concentration au profit de Paris. C'est là qu'elles ont leur siége social, c'est là que sont leurs plus beaux immeubles et qu'elles distribuent à l'état-major de leurs employés les traitements les plus élevés. Je me tais sur le concours qu'elles ont apporté aux influences démoralisatrices. Leur gestion a souvent causé du scandale.

> O cives, cives, quærenda pecunia primum est !
>
> (HORACE, *Epît.*, lib. I.)

Tout ce qui, pratiqué avec sagesse et logique, est dans d'autres pays une cause de prospérité, devient chez nous une cause puissante de perturbation. Il y a des villes immenses aux États-Unis d'Amérique et en Angleterre; elles ne sont point un sujet d'inquiétude pour leurs propres habitants comme les nôtres. Londres est gardé par des constables, tandis qu'il faut à Paris, pour y protéger les citoyens contre eux-mêmes, une armée, des forts et des voies stratégiques.

C'est que les villes, régulièrement parlant, ne sont pas des agglomérations capricieuses de population et de constructions. Ce sont des centres d'activité industrielle, artistique, commerciale, indiqués par les circonstances et formés par le temps. Ainsi constituée, chaque ville est un bienfait, non-seulement pour ceux qui l'habitent et pour les lieux circonvoisins, mais encore pour le monde entier. Il est inutile de se préoccuper de son étendue et de l'accroissement de sa population : c'est très-bien, car c'est naturel.

Mais on peut créer des villes artificielles ou les étendre arbitrairement. C'est ce qui fut fait pour Rome, Babylone et Ninive; c'est ce qui s'est fait pour Paris. Paris n'est si grand que parce qu'il est le siége d'un gouvernement centralisateur. Plus le gouvernement aura ce caractère et plus Paris s'agrandira, se peuplera et s'enrichira. Tous les temps lui seront bons pour cela : le temps de paix comme le temps de guerre, les moments d'agitation ou de calme, peu importe. Aussi l'agrandissement de Paris n'est pas une preuve de la prospérité ni du bonheur de la France : ce serait plutôt la preuve du contraire.

Les souverains qui ont le plus fait pour leurs capitales sont ceux dont l'autorité a été complète, qui ont personnifié leurs pays et ont eu pour lui des excès d'ambition ou de sollicitude. Néron fit brûler les vieux quartiers de Rome pour en être plus tôt débarrassé et pouvoir signaler sa magnificence dans leur reconstruction. Néron est l'empereur qui a été le plus maître en droit et en fait de son peuple : tout ce qu'il faisait était bien. Meurtrier de Britannicus, de Popée, d'Agripine, de Sénèque, de Lucain et de tant d'autres, il fut regretté des Romains, gens passablement oublieux cependant des grandeurs tombées ou défuntes.

Dans les pays décentralisés, tels que la Suisse, l'Espagne et les Etats-Unis, la capitale n'est pas la ville la plus grande ni la plus peuplée du pays. Washington est une des plus petites villes de ces États si riches, si peuplés, si industrieux et si commerçants, où des cités immenses se forment en quelques années. Sans la centralisation, Paris ne serait pas aussi grand que Lyon et Marseille, ni plus grand que Bordeaux ou Nantes. Madrid n'augmente pas en population et en richesses dans la même proportion que Barcelone et Cadix. Si Paris cessait d'être le siége du gouvernement, il tomberait comme était tombé Versailles depuis qu'il n'est plus résidence royale. Versailles tend à se relever, parce qu'il devient un faubourg de Paris.

---

## CHAPITRE X.

### Des travaux de construction à Bordeaux.

Paris, tout occupé de son agrandissement et de son embellissement, donne un exemple contagieux aux villes de province. Elles sont en proie à une fièvre d'imitation. C'est une hydropisie épidémique. Toutes les grenouilles veulent devenir aussi grosses qu'un bœuf.

Il y a quelques années, un économiste distingué, M. de Molinari, écrivait ce qui suit dans l'article *Villes* du Dictionnaire d'économie politique :

« Les administrations ont le travers de tous les gouvernements : elles aiment à se donner de l'importance et elles augmentent incessamment, dans cette vue, le nombre de leurs attributions, partant, le chiffre de leurs dépenses. De notre temps, elles sont possédées surtout de la manie des travaux publics et des bâtisses, sans parler d'un goût immodéré pour les fêtes. Elles paraissent convaincues qu'en bouleversant de fond en comble les vieux quartiers aux dépens des nouveaux;

en élevant édifices sur édifices; en donnant, sous le moindre prétexte, des bals, des concerts et des feux d'artifice monstres, elles contribuent efficacement à la prospérité et à la grandeur de leur cité. Avons-nous besoin de dire qu'elles vont à l'opposé même du but qu'elles veulent atteindre? »

On imite trop Paris, c'est vrai; mais il faut reconnaître aussi qu'on est un peu trop forcé de l'imiter. Pour être quelque chose *dans son pays,* voire simplement conseiller municipal, il faut être agréé à Paris ou par les agents du pouvoir central, ce qui est la même chose.

Bordeaux subit la loi commune. L'administration, les idées et les actions sont les mêmes partout. Notre ville ne se distingue que par une nuance qui n'est pas à son avantage.

Voici ce que dit de cette ville un ouvrage sérieux, la *Géographie de Malte-Brun*, refondue par Théophile Lavallée, t. II, p. 15 :

« Bordeaux est pour le sud-ouest de la France une sorte de capitale qui imite et dédaigne Paris, et qui cherche à rivaliser avec lui par son luxe, ses mœurs fastueuses, ses grandes fortunes commerciales, mais à qui il manque surtout le goût des lettres et des arts. »

Il y a du vrai là dedans. Bordeaux est une ville déchue, du moins relativement, qui a des prétentions et une allure plus en rapport avec son ancien qu'avec son nouvel état. Capitale de la seconde Aquitaine sous les Romains, elle était qualifiée par Ammien Marcellin de ville remarquable par son étendue et sa beauté. Ausone, au IV^e siècle, lui reconnaissait tous les mérites d'une capitale, même le goût des lettres et des arts, dans ces vers :

Impia jam dudùm condemno, etc.

« O ma chère patrie! je m'en veux de ce silence qui m'a empêché de te mettre au rang des premières villes du monde, toi si remarquable par tes vins, par tes fleuves, par les mœurs et le génie de tes habitants et par la célébrité de ton sénat. »

Sous la domination anglaise, elle jouit de cette indépendance locale que ce peuple laisse même à ses colonies, et lui emprunta quelque chose de sa dignité personnelle, dont on trouve la manifestation dans les luttes que Bordeaux soutint contre les rois de France.

Cette ville, remarquable par ses monuments, ses écoles et ses grands hommes sous les Romains, devint riche et commerçante sous les Anglais, et n'accepta qu'à contre-cœur la domination du roi de France, ainsi que cela résulte des deux traités de Charles VII avec les Bordelais, l'un du 20 juin 1451, l'autre du 9 octobre 1453.

Dans le premier, les Bordelais, réduits à la dernière extrémité, stipulent que s'ils ne sont pas secourus par le roi d'Angleterre dans un délai déterminé, ils feront leur soumission, mais à des conditions qui ont toutes pour but la conservation, autant que possible, de leur indépendance, de leur dignité et de leurs intérêts. Nous citerons seulement le 24e paragraphe du premier traité, qui est ainsi conçu :

« Et si le roi laisse aucuns gens de guerre en ladite ville de Bourdeaux et audit pais de Guyenne, pour la garde et sureté d'iceux, il les payera de leurs gages, *et les fera gouverner bien et doucement,* et payer ce qu'ils prendront, et ceux qui seront en ladite ville de Bourdeaux seront logés ès-hotelleries et autres lieux moins grevables et dommageables pour les marchands et habitants de ladite ville. »

Dans le deuxième traité, une contribution de cent mille écus d'or est imposée aux Bordelais pour les punir d'avoir donné « attrait, aide et reconfort » aux Anglais.

Cet esprit d'indépendance a diminué à mesure que la dépendance sous le pouvoir central a augmenté, pour Bordeaux comme pour les autres villes. Elle ne peut donc plus se croire une *sorte de capitale* que par fatuité, et on ne peut lui donner ce titre que par ironie.

Quant aux constructions, la vérité est qu'à Bordeaux on entreprend beaucoup, on achève très-peu, on exécute mal et fort cher. Le style monumental en est banni, si l'on en juge par deux édifices publics, la Poste et la Banque. C'est la ville de France qui a le plus de belles places. Il suffit de citer les Allées de Tourny, les Quinconces, les places Richelieu, Royale, Dauphine, Saint-Julien, etc. Pendant longtemps, ces grands espaces si bien situés sont demeurés sans aucun ornement, ni statues, ni jardins, ni fontaines. Les Allées de Tourny ont été récemment décorées; mais on le doit à une pensée politique plutôt qu'à la sollicitude et au goût de l'administration locale.

En ce moment, l'alignement de la rue Sainte-Catherine n'est pas achevé. Une foule de rues importantes sont sans trottoirs, sans pavage; d'autres ne sont pas complétement percées. Les ressources de la ville sont peut-être insuffisantes pour pourvoir à ces nécessités, et cependant que de grands projets superflus sont préparés !

Ce qui est le plus fâcheux pour Bordeaux, c'est que ces constructions à l'instar de Paris font négliger le commerce et l'industrie. La pierre, le marbre et l'or ne valent pas la terre, le charbon et le fer. Notre ville attend des doks, un bassin de carénage, un développement de nos relations maritimes. Les machines à vapeur s'y établissent difficilement et mesquinement. Elle ferait mieux d'imiter l'Angleterre, les États-Unis et la Hollande que Paris.

Bordeaux s'agrandit, sa population augmente; mais Bordeaux ne progresse pas, si on le compare aux autres villes ; car beaucoup de celles qui lui étaient inférieures l'ont dépassé.

—

## RÉSUMÉ.

Nous n'avons point voulu faire le procès aux villes. Leur existence est indispensable à ces trois éléments de civilisation : indépendance, instruction, bien-être. Les campagnes ne sont jamais arrivées à rien de cela par elles-mêmes. Les villes animent au loin les lieux qui les entourent. C'est là que le génie de l'homme, dans toutes ses applications, trouve des encouragements; que les denrées et le travail prennent une valeur sérieuse. Les villes, enfin, empêchent la misère, la barbarie et la guerre civile.

Mais le mal étant toujours à côté du bien, les villes dont l'accroissement est factice produisent tous les mauvais effets que nous avons essayé d'indiquer. Paris aujourd'hui est la grande coupable qui détourne des choses sérieuses, pousse aux goûts ruineux et dégradants, et nous fait payer les frais de notre décadence.

O Libye; disjunge boves, dum tubera mittas!

« O Lybie! cesse de labourer, pourvu que tu nous envoies des truffes! » C'est l'exclamation d'un riche romain dans la satire v de Juvénal. Or, qui dit Romain dit Français; entre les deux peuples il n'y a plus de différence.

Réussirait-on à conjurer le mal tout entier, ou seulement le dépeuplement des campagnes, en fermant les cabarets et en enlevant ainsi au paysan des distractions qui lui sont nécessaires, ou en important des Chinois (Conseil général de la Gironde, séance du 8 septembre 1859); ce qui, en le supposant possible, ravalerait singulièrement la dignité du laboureur, diminuerait ses profits et augmenterait les émigrations en pays étranger? Nous ne le pensons pas.

Il faut guérir le mal dans sa source. J'ai commencé par dire que je le croyais incurable. Toutefois, je vais hasarder quelques indications, à l'aide d'importantes autorités qui les feront comprendre et peut-être accueillir.

L'activité qui règne en France n'est pas, comme en certains pays, la conséquence de la liberté qui favorise le développement de toute chose; mais le résultat de la tolérance ou de l'impulsion du pouvoir suprême, qui ne développe qu'une seule tendance. De là le trouble que produit toujours le défaut d'équilibre et d'harmonie. Nous sommes à la fois trop gênés par nos institutions et trop encouragés par l'autorité. Le pays ne s'en doute pas, et cependant ceux qui le gouvernent le remarquent.

Dans sa lettre au ministre d'État, en date du 5 janvier dernier, l'Empereur disait :

« Il faut améliorer notre agriculture et *affranchir notre industrie de toutes les entraves* intérieures qui la placent dans des conditions d'infériorité. Aujourd'hui, non-seulement nos grandes exploitations *sont gênées par une foule de règlements restrictifs,* mais encore le bien-être de ceux qui travaillent est loin d'être arrivé au développement *qu'il a atteint dans un pays voisin.* »

Le 2 mars suivant, M. de Morny disait au Corps législatif :

« L'esprit de nos codes, de tous nos règlements, s'est principalement proposé pour but de prévenir les abus; *et à force de poursuivre l'abus,* IL EST ARRIVÉ A GÊNER L'USAGE. C'est là la réforme la plus importante à obtenir. *Il n'y a de vraie prospérité qu'avec une entière liberté civile.* »

Le prince Napoléon-Jérôme prononçait à l'Exposition de Limoges, le 12 juillet 1858, un discours remarquable où se trouve ce passage :

« Notre unité nationale, préparée pendant une longue suite

de siècles et établie par la Révolution, n'a rien à redouter désormais de l'exagération de l'individualisme ou de l'esprit local. Le danger n'est pas là ; il serait plutôt dans la tendance contraire, si elle se développait à l'excès. Ce que nous devons craindre, en effet, *c'est l'absorption des forces individuelles par la puissance collective, c'est la substitution du gouvernement au citoyen* pour tous les actes de la vie sociale, C'EST L'AFFAIBLISSEMENT DE TOUTE INITIATIVE PERSONNELLE SOUS LA TUTELLE D'UNE CENTRALISATION EXAGÉRÉE. »

On lit encore dans les Œuvres de Napoléon III, tome II, page 114 :

« Si les sommes prélevées chaque année sur la généralité des habitants sont employées *à des usages improductifs*, comme à créer *des places inutiles*, à élever *des monuments stériles, à entretenir*, au milieu d'une paix profonde, *une armée* plus dispendieuse que celle qui vainquit à Austerlitz, l'impôt, dans ce cas, devient un fardeau écrasant ; *il épuise le pays.* »

Enfin, Montesquieu a jeté en quelque sorte, au livre XVIII, chapitre III, de son *Esprit des Lois,* cet aphorisme saisissant :

« Les pays ne sont pas cultivés en raison de leur fertilité, mais en raison de leur liberté. »

Toutes ces paroles ont un grand sens. Celui qui en déduirait les conséquences essentielles éclairerait bien la question qui nous occupe. Mais il faudrait entrer dans le domaine de la politique, et très-probablement ce n'est pas ce qu'a voulu l'Académie de Bordeaux. Du reste, celui qui voudrait traiter une telle question à ce point de vue, s'il y mettait de l'indépendance et ce recueillement qui révèle le fond des choses présentes et quelquefois les secrets de l'avenir, éprouverait de grandes difficultés pour exprimer toute sa pensée.

Par cette double raison, j'arrête ici, presque à regret, ce

Mémoire peut-être déjà trop long, en réclamant pour lui l'indulgence de ses juges.

Veniet tempus quo posteri nostri tam aperta nos nescisse mirabuntur.

« Un jour viendra où nos descendants s'étonneront que nous ayons méconnu des choses si évidentes. »

(Sénèque.)



Août 1860.

www.ingramcontent.com/pod-product-compliance
Lightning Source LLC
LaVergne TN
LVHW020252230826
846091LV00006B/2375

* 9 7 8 2 0 1 1 7 8 0 8 4 3 *